무화과나무 닮았다

무화과나무 닮았다

김은수 시선집

그루

시인의 말

돌아 갈 수 없어
돌아 보는 날

그네를 탄다
바람이 인다

살아 있음에

2021. 1.
은점 시학당에서

차례

시인의 말 5

1부
모래꽃의 꿈

가로수 아래 앉아 13 / 내 발가락 열 개는 빗물을 마시고 있다 14
비가 오면 빗물을 마십니다 15 / 곤충채집 16
여름 가슴살이 참 맛있다 17 / 여행 가방 18 / 비행 19
고목에 얼어붙은 메뚜기 20 / 가을빛 시리다 21 / 도시 사내 2 22
야성 23 / 팔조령을 오르며 24 / 도시 사내 4 26
동백꽃 피면 27 / 맘을 깨라 28 / 모래꽃의 꿈 30
● 시작노트 32

2부
하늘 연못

가을 편지 39 / 강가에서 40 / 겨울나무 1 41
내 머무는 곳 42 / 마중물 44 / 그냥 좋아서 웃지요 46
민들레 새봄을 연다 47 / 벼랑 끝에 선 겨울나무 48 / 밧줄 49
퍼즐 50 / 봄, 바람결 타고 춤추는 벚꽃 51 / 부메랑 52
삼천배 54 / 소멸 55 / 숯 56 / 시소 57 / 옛집 58
여름 여자 60 / 저수지 61 / 주름살 62 / 쥔 손 편 손 63
트집 64 / 팔조령 안개 66 / 하늘 연못 67
● 시작노트 68

3부
염화미소

겨우살이 75 / 괄약근 76 / 꽃은 상처 난 자리에 꼭 핀다 77
꿈꾸는 꽃 78 / 노아의 방주 79 / 눈뜬 봉사 80 / 누렁이 82
달팽이의 꿈 83 / 대장장이 84 / 봄을 기다리는 겨울 86
세상의 시작 88 / 된장국 90 / 숨은 그림 찾기 91 / 시 짓는 농부 92
야간 질주 94 / 어머니의 지참금 95 / 회색 하늘 2 96 / 인욕 1 97
일어서는 강 98 / 조문국 정원 99 / 진달래 독경 100
창조의 힘 101 / 천불 1 102 / 침묵의 뼈 103 / 해탈문 5 104
호박 105 / 황새의 꿈 106 / 염화미소 1 107
● 시작노트 108

4부
발바닥 지도

무화과나무 닮았다 115 / 그림자놀이 116 / 깨단하다 117
꽃의 반란 118 / 끝의 시작 119 / 노을 이정표 120 / 눈물 탑 121
꽃의 비밀 122 / 들녘을 훔치다 123 / 만년송 바라보니 124
뚝심 126 / 몫 127 / 묘적암에 새겨 두다 128 / 고래가 일어서다 129
묵언의 향기 130 / 미루나무에 앉은 하현달 131 / 발바닥을 이다 132
부비다 133 / 비계飛階 134 / 살아 있음에 136 / 아버지의 시계 137
잡초를 베다 1 138 / 잡초를 베다 2 139 / 직지사 뜰 앞에서 140
젖을수록 선명하다 141 / 침묵의 맥 142 / 표충사 풍탁 143
풀과 얘기하다 144 / 흙 145 / 발바닥 지도 146
● 시작노트 147

자서
무화과나무 아래서 155

연애

철썩철썩
차르르 차르르

모래밭 기어오른 바다 녀석
냅다 꽂았다 빠지면서 연신
게거품을 뿜어내는구나.

덩실덩실 파도 타고
자지러지는 웃음소리

아무런 생각도 말도 하지 마라
그냥 안고 놓지 않으리.

철썩철썩
차르르 차르르

구멍 난 밤하늘
별들 훔쳐보네.

1부
모래꽃의 꿈

가로수 아래 앉아

높은 곳에서
내려다봐
고개 들어 올려다봐
이쪽저쪽 뒤돌아봐
이제 내려가 봐

바닥에서 멈추고
앞을 보다 좌로 우로
그리고 뒤돌아보고
이제 올려다봐
밤하늘 별 하나.

내 발가락 열 개는 빗물을 마시고 있다

춘삼월 비가 내리네.
겨울 모자 위 흘러내리는 어제 먼지
망막 속 지워지지 않은 잔상이 빗속에 있다
바싹 마른 가로수는 터진 상처를 채우기 바쁘고
길가 잡초는 보도블록 사이를 나와
입술을 삐죽거리며 목을 적시고 있다

비가 좋아 빗물을 마신다.
골목 처마 밑에 고인 물을 퉁기면서
담배를 꼬나물고
머리를 적시며 천천히 스며드는 노란 립스틱
기도로 쉼 없이 빨려드는 빗소리
어느새 신발 바닥은 흙탕물로 가득 찼다

젖은 신발을 휴지통에 버린다.
건널목을 지나 철길 위에 선다.
멀리 귀에 익은 기적 소리 들려온다.
내 발가락 열 개는 빗물을 마시고 있다.

비가 오면 빗물을 마십니다

어제는 파란 하늘빛이 참 좋더니
오늘은 비가 내려요.

빗방울이 차창을 거세게 두드리며
재색 도시의 뜰을 금세 물의 나라로 만들고
지붕 위의 쓰레기들을 끌어 내립니다
밑으로 떨어져 쌓여 가는 오물들이 넘쳐
발목을 타올라가 머리꼭지까지 가득 메우는
조간신문에는 작은 이름들이 가득 채워져 있어요.
수십 억 동물들이 갇혀 사는 지면에
글자들이 다 지워지면 내일도 태양이 뜰까요?
빗물 속에는 여전히 이름들이 떠다니고 있는데

금붕어 한 마리 배 터져 사망함(석간신문 1면 첫 줄)
두 손을 펴서 빗물을 받아 마십니다.

곤충채집

가슴으로 뿌리내리는 그놈 잠시 내게 달려온다.
대못 뾰족한 그놈 심장에 꽂은 채 헤헤헤
잠자리 풍뎅이 소금쟁이처럼

네모난 표본실에 갇힌 그놈 팔다리 머리는 굳고
철심기둥에 동여매어진 아가리 속으로
알코올 부어진다 얼마나 오래 기다려야 해?

그놈은 곧 올 것이다 이렇게 애타게 기다리는데
하늘 한가운데 머물고 있을 그놈
시린 내 옆구리를 데우며 일광욕이나 즐길 놈

여름 가슴살이 참 맛있다

여름은 산등에서 태어나
환한 숨결로 계곡의 물소릴 깨우고
산새를 쫓아다니다 지치면
콘크리트 바닥에 누워 쉬고
자동차 바람에 이리저리 부대끼다
앞산 들꽃 만나 사랑하고
들녘 쭉정이 벼이삭 속살 채운다.

가슴은 속속들이 타들어가
개미 이마의 땀조차 증발시켜
아무도 아무것도 바라진 않아
그래서
여름 가슴 속살은 빨갛게 노랗게 물들어
과수원을 가득 채우지
참 맛있는 가을볕이 가지가지 맛을 낸다.

여행 가방

준비된 도구들이 가득한 가방
해가 뜨자 분주히
신발 신고 일어선다 한정된 공간 탈피
그것은 목적적 실천의 발걸음
실핏줄처럼 가리키는 빨간 직선만 따라간다.

일상의 법규는 오후면 비상등이 켜지고
자유로운 신경세포는 가방을 들고 일어선다.
더 이상의 고정석은 없다 생목 사슬들이 잘려진다.

노을이 내려서는 언덕
겨울 풀들이 푸석대고 있다.

빌딩 옥상에 올라 가방 열고
촘촘히 챙겨진 것들을 하나씩 쏟아낸다
텅 빈 속으로
어두운 골목길 포장마차의
소주 한잔과 과메기 한 점 채워진다.

비행

기어서 기어서라도 담장 너머
손 내미는 넝쿨 사이로
미소 짓는 아주 조그만 장미 한 송이 속에서
초원을 뛰어다니는 사슴과 사자의
먹이 사슬을 발견한다.

산자락 바위 틈새에 말라죽은 듯이
드러누운 이끼의 숨소리에 귀 기울이면서
빌딩 숲속을 밝히는 불나방의
하소연을 잠재우고 싶다.

빛을 등진 두더지처럼 밤새
그 차가운 꽃잎을 피우는
새벽이슬을 볼 때마다
내 팔뚝 실핏줄 속엔 늘
개구리 한 마리 비행을 꿈꾸고 있다.

고목에 얼어붙은 메뚜기

그날 우리가 산사로 가는 길에는
가을 들녘의 물듦이 있었고

오후의 그늘진 틈새로 먼 산엔
새하얀 눈꽃이 피었다

두 절기 사이로 손마디가 굳어질 때
입가엔 긴 매연이 내뿜어 졌다

웅크린 고목의 허리에는
아직도 잠든 메뚜기 한 마리 붙어 있었다.

가을빛 시리다

바람결에 엉엉대는 단풍잎이 곱다
꼬리 물고 맴도는 담쟁이로 지새는 10월의 밤
고독한 달그림자에 울적한 홍시가 잠 못 드는 시간

그대 떠난 골목에 소매 속 파고드는 싸늘한 바람
새벽의 침묵은 거품을 물고 조깅 중이다 하얗게
눈동자 새로 이슬이 얼어붙었다

더 이상의 미로는 없다 길이 없다 무작정 걷는다
모두가 길이다 아직 뚫리지 않은 가을은 허허벌판이다

욕망, 그 길을 달리기 시작한다.

도시 사내 2

퇴근길
열 시 오십구 분 사십구 초는 한겨울이다
공중전화 부스 너머로 칠십일 번을 기다린다.

이십 분 뒤 번호등을 끈 버스가 왔다
후다닥 발바닥이 땅을 디밀고
버스 안으로 처넣더니 히터 옆자리에 앉혔다
-노약자 석-

눈썹을 스치는 파리 한 마리
날개를 젓다가 앞발을 부비며
내 앞 손잡이에 앉았다 날았다, 또 그렇게
눈동자가 원을 그리며 끌려 다니는 동안
추위 속 내 손바닥은 연신 부비고 있었고

차창 너머 공중전화 부스 안에는
열한 시 십구 분 겨울밤이 서성거리고 서 있다.

야성

고독한 표범의 밤은
굶주린 아침 햇살처럼 흰 이빨을 드러내고
초원 위에 누워 있을 먹이를 위해
또 이를 갈고 있나 보다

낮에 가시덤불에서 생긴 상처 핥으며
기다리는 눈빛은 공허할 뿐
어디에도 주린 배를 채워줄 것은 없다

다만 풀밭 어딘가
어미들 틈새에 끼여 숨 쉬고 있을
표적들의 밀어에 두 귀를 곤두세울 뿐
오늘밤도
굶주린 표범은 결코 잠들지 않는다.

팔조령을 오르며

팔조령 아래 팔조리 지붕은 안개지붕

솜털 그득 밤새 몰아와 쌓아 놓고
풀벌레 귀뚜라미 다람쥐 도둑고양이 잠재우고
노랑 보라 연노랑 흰 달개비 야생화 처마 끝에 피웠네.

부드러운 어깨선 따라
허리 아래 드리운 여인의 흰 숲

두 팔 가득 안아 보리라
신행 첫날 아내를 안듯 허둥대며 설레게
떨리는 허리 감싸 안고 돌아 보리라

새벽녘
안개지붕에 올랐다
영근 산 사과 한 입 가득 —매몰차게 달려와
안기는 햇살 그 빛

난 어느새
팔조리 지붕 한 켠 박꽃이 되었다.

도시 사내 4

어느 날
매미 한 마리 귓속으로 날아들었다
그리고
도시 속으로 귀 하나 떨어져 나갔다

허우적대는 아스팔트 람바다 춤추는 사람들
비지땀 흘리며 헉헉대는 빌딩과 요란스런 비상벨

소금에 절인 손 문 두드리다 지친다
플라타너스 잎은 햇살을 거꾸로 매달더니
서 있는 것을 모두 다 눕혔다

아무 소리도 들려오지 않았다
귓속에 문 여는 소리만 들리고

다음날
잎이 떨어지는 곳에서 멍들어 가는 가슴
바람에 매듭지어지는 물든 사내 하나
단풍잎을 줍고 있다.

동백꽃 피면

바다를 처음 만나던 날
흰 물결 위에 핀
꽃 한 송이 보았다

어느 날은
파도가 삼켜 버렸다
어떨 땐
해풍에 떠밀려 멀리 떠나야 했어

폭풍치던 언덕 숨죽이고
잔주름 립스틱으로 지우던 날
초록하늘 바다 속에 녹아 손 시려올 때
앙상한 대지 위에 서서 널 생각해

첫눈이 오는 날
그토록 그리운 사람
해처럼 돋아오는 사람 있어
발갛게 아주 빨갛게
동백꽃 피운다.

맘을 깨라

겨우내 언 강물을
쇠망치로 숨구멍을 내듯
네 맘의 얼음덩이를 깨라

햇살이 대지를 데우기 전
잠든 물 속 송사리 떼를 깨워라
파닥거리는 아가미로 물속을 헤집으며
소금쟁이 수초에서 춤추기 전
너의 얇아진 구두끈을 졸라매고
무릎 들어 앞을 올려 차보라.

성냥갑 속 불씨로 대지가 타들어 가면
소근대는 자연의 숨바꼭질
하나, 둘, 셋 씨앗이 고개를 내민다.

빗장 건 가슴속 쿠데타
안에서 깨어져 흘러내리는 설움과 울음
고독의 얼음덩이가 파편으로 짓밟힌다.

어제가 아닌 오늘
당장 네 맘을 깨라.

모래꽃*의 꿈

저 앞에 산이 보인다.
구름이 소나무 가지에 쉬고 있는 동안
산새가 짧은 깃을 펴고 창공을 날아올랐다

산 너머 지평선 위에 바다가 보인다.
서로 어깨를 부둥켜안고 덩실대다
까르르 입가엔 미소 가득
살아서 죽은 껍질을 밖으로 던지면
모래무덤으로 두꺼비집을 짓는다.

아파트 옥상에서 먼 산을 본다.
산 너머 땅 끝 마을 바다 속에서 살리라
살다 보면 파도가 되고 모래알이 되리라

어느 바람 부는 봄날.
꽃씨 하나 날아와 텅 빈 가슴속에 뿌리내리면
해변엔 연노랑 나팔꽃 핀다.

모래꽃이 알을 품는다.

*모래꽃 : 바닷가 모래밭에 피는 갯메꽃.

● 시작노트

    제1시집 『모래꽃의 꿈』은 대구교육대학 '시와 반시' 문예대학 3개월 수료 후 '선율' 시동인집을 공저하면서 활동하였고, 10년이 지난 2010년 4월에 발간한 첫 시집입니다. 제1시집에 실린 100편 중 16편을 발췌하여 여기에 실었습니다.

    포항시 흥해읍 칠포리 칠포해수욕장에는 모래 속에서 피어나는 갯메꽃이 여름과 가을까지 연분홍 꽃을 피웁니다. 모래사장에서 보는 메꽃을 제가 '모래꽃'이라고 이름을 붙였습니다. 척박한 환경을 이겨내는 모래꽃은 상처로 목이 타지만, 그 상처가 아문 자리에는 삶의 지혜와 인내를 기억하는 긍정의 내가 예쁜 꽃으로 피어납니다. 낯선 곳에서 적응해야 하는 저에게 큰 힘이 된 작품입니다.

    여름 어느 날 일하다 문득 더위를 피해 가로수 아래 앉아서 담배를 한 대 피웁니다. 키 큰 플라타너스 우듬지에 참새가 잠시 앉았다 날아갑니다. 저기까지 오르면 세상을 다 내려다볼 수 있을 것 같았습니다. 하지만 꼭대기까지 가는 길은 상처로 가득할 것이고, 내려와 보면 내가 선 자리가 겸손해야 되는 곳이요, 현실의 오만함에 대한 경고가 될 것이며, 노력하는 또 다른 나를 찾아가는 이정표가 된다고 생각했습니다.

    비가 내립니다. 우산을 챙기지 못한 나에게 지붕 끝의 처마는 작은 피난처랍니다. 하지만 한 방울씩 떨어져 작업모를 적시고 머리카락을 지나서 어깨와 등을 적시며 스며드는 물. 그것은 자연을 올곧게 경외하는 시간이며 상처일 것입니다. 자연에 순응하는 마음을 피부로 느낄 때 하늘과 소통하는 은빛 우화를 보게 됩니다. 비가 좋아 빗물을 마시고, 신발 속의 발가락도 시원한 빗물을 마시게 됩니다. 퇴근 후 집 앞에서 술 한 잔 합니다. 얽매인 시간을 잊기에는 여행 만한 것도 없지요. 여행 가방을 챙겨 놓고 막상 떠나려고 하니 제약이 많습니다. 현실의 끈을 놓지 못하고, 아파트 옥상에 올라가서 여행 가방을 열고 쏟아 냅니다. 쌓였던 상처를 열어제치던 아래로 떨어지는 치약, 칫솔, 옷가지를 비워내는 상상. 그리고 소주 한 잔 마시고 삼겹살 한 점을 씹습니다. 이내 상처가 아물고 꽃이 그 자리를 메웁니다.

  한낮에 잠자리가 날아갑니다. 어릴 때 방학숙제에 곤충채집이 생각납니다. 살아 있는 놈을 잡아서 핀으로 고정하고 박제를 만들어 학교에 가져가면 점수를 매겨 상을 줍니다. 수성들에 곤충채집하러 많이 갔지요. 왜 살아 있는 생명을 잡아서 말려 죽이는 방학숙제를 냈을까? 하늘을 날며 헤헤거리는 그놈을 생각했습―다. 남의 상처를 보고 낄낄대는 그놈도 지나갔습니다. 이제 파란 생명의 꽃이 필 것입니다. 가을 하늘은 참 맑고 깨끗하지요. 간간히 흘러가는 구름을 보고 있으면 여름날 수고로움의 대가를 받는 듯 가슴이 시립니다.

  월급쟁이의 평일은 늘 같습니다. 초겨울 시외 길에서 보면 먼 산이 하얗습니다. 미처 추수를 못한 들녘은 황금빛인데 동네 입구 고목에 낮잠 자는 귀뚜라미 한 마리 보이고, 그 모습이 내 모습인 듯 가슴이 섬뜩합니다. 남보다 뒤쳐지는 느낌을 받았습니다.

도시의 생활은 늘 아파트와 주택, 도로와 신호등, 사람과 가게, 매연 속의 태연함에 익숙해져야 합니다. 회색 도시의 사내는 술과 사랑의 미로에서 흐느적거리고, 새벽의 싸늘한 공기를 마시며 집으로 갑니다. 메마른 도시 사내의 현실을 조금이라도 탈피하고자 자책을 해 봅니다. 도시의 밤은 침묵의 야성을 일깨우지요. 준비된 그들은 약자를 향한 발톱을 곤두세우고 엎드려 있습니다.

베란다에서 늦은 밤하늘을 보며 사색하는 나의 발톱은 길어만 가고, 서른 살일 때 '사는 곳은 전원, 직장은 도시'라는 슬로건을 내걸고 도심지 인구분산 정책이 시행될 때 저도 대구에서 청도로 이사를 했습니다. 부도난 아파트에서 5년 동안 팔조령을 넘어서 출퇴근을 하면서, 팔조령의 아름다움에 반했지요. 새벽 출근길에 고갯마루에서 이서 들녘을 보면서 바다를 연상했습니다. 구름이 내려앉아 팔조령 아래 팔조리는 늘 안개지붕이 되었고, 하얀 박꽃이 핀 것 같았습니다. 굽이굽이 조심스레 오르는 길은 신혼 첫날밤처럼 떨리고 설레였습니다.

2월 어느 일요일 거제도로 동백꽃 구경을 갔습니다. 바닷가에서 보는 먼바다는 임을 기다리는 빨간 속마음을 아는지 모르는지, 아침 해를 물고 돌아올 사람을 향한 애틋한 마음이 참 붉고 진하게 느껴졌습니다. 겨울이 되고 강물은 얼어, 몸과 맘도 경직되고, 아픔조차 멎는 상처의 계절. 그러나 자연의 숨소리는 대지를 뚫을 준비를 하고, 강물 속 개구리는 돌틈에 알을 낳습니다. 자연은 인간이 힘들고 고통스러워할 때 말없이 뭔가를 숨겨 둡니다. 그것을 보는 사람은 늘 깨어 있는 사람이고, 깨닫는 순간 얼음을 깨듯 어두운 감을 깨고 나와야 합니다.

볼링

굴려라

저기
열 개의 핀이 버티고 섰다
넘어뜨려야 하는 순간
공은 오직 하나뿐
찰나의 순간을 놓치면
핀은 남는다.

한 번의 기회
그것을 잡기 위해
오늘
모난 공을 굴리고 있다

굴리고 굴리다 보면
모 없는 공
매끄럽게 굴러가는
내가 보인다.

2부
하늘 연못

가을 편지

가을이
감나무를 흔들면
잘 익은 감잎 하나
뚝 떨어진다.

밤새워 쓴 잎새 편지
아침 이슬에 곱게 넣어
찬 서리로 봉해서
그대 꿈속으로
등기 한 통 전해주는 바람

주홍글씨가
감나무 가지마다
주렁주렁 달렸다.

강가에서

물고기 잡으러 강가에서
그물을 활짝 펼치면
바삐 가던 물살 퍼덕거리고
종아리에 매달린 물거품
연신 살려 달라고 야단법석이네

피리 두 마리, 미꾸라지 세 마리
뜯겨져 올라온 물풀 한 움큼
잘 생긴 짱돌 하나 넣어서
강물은 그물을 밀어낸다

누가 강물이고 누가 물고긴가
그물 속 송사리 한 마리
잡힌 줄도 모르고
온종일 노닐다 해거름
산 품은 저녁놀 주홍 물결 일 때면
그물 속 강물은
귀밑부터 홍조라네.

겨울나무 1

쩍쩍 갈라 터덕터덕 떼어내듯
묵은 때 아낌없이 쏟아내면
나이테 하나 속살 채우는
하늘은
더 파랗게 나무를 감싸 안는다

햇볕의 온기가 사라지기 전
겨울나무 가지는 잘려 나가고
잘라낸 만큼
내 허물도 벗겨 내리라

온종일 먹고 마신 것들
비워도, 비워도 앙금으로
가라앉은 것은 뭘까

검붉은 노을을 쏟아내는 저녁
두메산골 오두막 굴뚝 연기 오르고
겨울나무는 가을을 베어내고
하루의 허물을 벗어 하늘을 덮는다.

내 머무는 곳

가는 길 어디인가
저녁놀은 저리도 붉기만 한데
잠시 머문
자리마다 접시꽃은 저리도 기다리는데

사방팔방 갈 곳은
많고 많건만
그대 환한 기다림에 걸려
가던 길 멈춰 설 때면

어두운 밤길
불씨 하나 가슴 깊이 품고 있으니
별과 달 그리고
구름 한 점 떠가는구나!

사랑하는 사람은 정녕
밤하늘 회색빛 연민인가
비췻빛 바다를 여는 모세의 지팡이인가

내 머문 이 자리가
그대의 평온한 자궁 속
보금자리인 것을 안다.

마중물

마음속 아주 깊은 곳
바닷물에 억눌려 굳어버린 응어리
맑고 푸른 샘물 된다

가뭄이 논을 갈기갈기 찢을 때
작은 구멍 뚫어 관 내리고
밀폐된 공기 압축해야 돼
그리고
있는 힘을 다해 펌프질해 봐

말라버린 맘속 깊은 곳
관심의 관 연결하고
쉼 없이 산소 불어넣어 봐
컥컥대는 심장 불규칙한 기적 소리
이때
한 사발 마중물 쏟아 부어라

그대

갈라진 논바닥 한 모퉁이에
언제나
마중물 한 사발 들고 서 있는
낮달을 기억해요.

그냥 좋아서 웃지요

누가 물으면
그냥 좋아서 웃지요

저기 보이는 하늘과 땅
그리고
그 사이 몽땅 다

왜 좋으냐고?
내가 볼 수 있어서
날 보고 있어서

그래서
그냥 좋아서 웃지요

민들레 새봄을 연다

겨울을 사랑한 가슴 멍들어
노란 꽃잎 피우고
몇 날 봄빛에 즐거웠었네.

오늘은
기도하는 깨알 같은 노란 입술
지그시 다물고
봄바람 머문 자리
그 자리에 주저앉아
굳게 다문 밀실에 청초록 스며들면
솜털 가득 너를 안고 훨 난다.

구름 타고 바람 따라
민들레 새봄을 연다.

벼랑 끝에 선 겨울나무

산다는 건 하늘처럼 시리고
솜털 같은 나날 바람에 흩어지는 구름 같다고
아침 해 앞산을 짚고 서듯
달님 따서 불 피워 겨울 나면 그만이지

고래 등 같은 구름장을 타고 놀자
꿀벌구름 꽃구름 얼싸안고 놀자

겨울바람 불고 낙엽들 하늘로 날아오르는 날
살다가 새하얀 가슴이 놀빛에 물들어도
제 분에 못 이겨 쓰러지는 갈대의 가증스런 종말
그 말년의 속 대공에 내가 들어가 소리가 된다

소리는 은빛으로 저녁놀을 삼키고
한 줌 재로 변한다.

어둠이 달빛에 씻겨 검정을 게워낼 때쯤
삶은 벼랑 끝에서 눈물을 훔친다.
눈물 자국 뚝뚝 밀어내는 겨울나무가 된다.

밧줄

이른 아침 햇살 줄기로 거울 앞에 서면
바람 부는 대로 기대선 부대끼는 잔주름

얼마나 빛바랜 머릿결만 보고 살래
이만치 떨어져 서로 바라보고 서서
잎 푸른 가지마다 각질 일어나듯 속살 채우고
가르마 타고 목덜미 길게 계절을 부여잡는다.

가만
귀 기울이는 가을 들녘 끝에서
집 단장 준비에 여념 없는 밧줄
두 손 모아 한올한올 서로 얼싸안고 돌고 돌아
어느덧 오막살이 지붕을 한 아름 안고 있네.

가슴 언저리 저리도 시린 잔뿌리 감싸고
가는 세월 푸하고 뿌리면
끊을래야 끊을 수 없는 하늘 허리
꽁꽁 동여맨다네.

퍼즐

열 살 땐 열 개짜리
스무 살엔 스무 개짜리
서른 살에는 서른 개로 그림을 그렸지
마흔 살이 되어서야 아침을 맞추고
저녁을 끼워 넣을 수 있었다네.

쉰 살이 되고 보니 그림 속엔 늘
한 조각이 없다는 걸 알았지

돌아서 보니
여태 맞춘 그림 속엔 언제나
하나가 모자라는 걸 알았네.

환하게 웃고 있는 거울 속 퍼즐 하나.

봄, 바람결 타고 춤추는 벚꽃

연분홍 바람 덩실대니
스치는 사내의 가슴 뜨거워

꽃잎 하나 구름 되어 창공을 비행하다 남실
뭍으로의 현란한 낙하, 그리고 바람 타고
나뭇가지를 타고 지붕 위 예배당 종각 위에
발을 내린다.

새벽 종소리에 잠깬 아침 햇살의 청량한 눈동자
나비의 날갯짓과 일곱 난쟁이 이야기 아무도 모른다
간밤에 피고 지고, 울고 웃던 시악시의 가슴앓이

가지마다 어둠의 적막이 불 태워지면
분홍 실핏줄에 뽀얀 속살
잎눈마다 예쁜 싹 돋아난다네.

오늘은 열아홉 화사한 외출의 날
분홍빛 설렘이 시작된다.

부메랑

아침에 눈을 뜨면 늘 활처럼 굽은 내가 있다

어제 던진 나는 아침 되어 태양의 파편을 안고 돌아왔지

대지의 풀잎 위를 지나 오늘도 나는 튕겨난다
들에 가서 일도 하고, 들꽃도 보고, 새참도 먹으면서
돌고 또 돌아, 그렇게 한 쪽으로만 돌고 돌다 보면
산허리 휘청 휘돌 때쯤 해서야
도랑 따라 슬슬 노을을 삼키며 집으로 왔었지

소곤대는 자연의 물결소리 들려오고
아름다운 선율의 풀피리 소리를 반기며
노래하는 별들의 합창소리에 눈을 감는
달빛 좋은 봄밤이 되어 돌아왔네.

각진 가슴팍에 스멀스멀 사랑의 뿌리 자라고 있다
해맑은 이슬 둥글게 휘돌아 가슴에 안기는 또 다른 나
내일은 더 멀리 던져지겠지

달려가는 구름조차 깜짝 놀라 되돌아올 만큼
큰 소리로 나를 던져 버릴 거다.

삼천배

한 배 두 배
한 시간 두 시간

무릎 꿇고 두 손 모으고
허리 굽혀 머리 조아리고
손바닥 내밀고 또 내민다.

왜?

삼천 개의 땀으로 터져 나오는 오염
삼천 번 심호흡에 쓴 소리 토해내고
삼천 번 외는 염불로 심장을 채우고
삼천 번 독경에 마음을 비우는구나.

헤매던 소원성취 풍경 속에 지워지고
오매불망 건강장수 목탁 속 공명되니
노승의 밝은 미소 문 틈새로 내비친다.

소멸

아침은 일어나 벌써 하루를 만드는데
여름은 게을러서 왜 땀 흘리며 뛰는가.

가을은 멀고도 먼데
저녁놀은 푸르기만 하여라.

아픈 사람아
그리워할 사람아

겨울은 멀고도 머언 고행의 길이건만
환하게 하얀 국화 속에서 저리도 미소 지어 가는가.

숯

신새벽
아궁이 속에서는
황홀한 화마의 불춤

팔다리 머리 다 잘려
몸통 하나뿐
타고 타서 검붉은 얼굴

이제는 하얗게 빛바랜
쩍 갈라진 굳은살과 옹이만
당당하던 아비 속정 숨기고 있네.

해거름
지친 발걸음 소리에
말없이 대문 열어 놓고
아궁이 속 화마는
마지막
불춤을 추고 있다.

시소

가을이 떠난 그 자리에 단풍잎 하나
새벽녘 서리와 마주보고 앉았네.

얼룩진 날의 선명한 잔상들
봄비에 씻기고 여름 살에 앙상해진 줄기
실 줄기 속 기억들이 아우성칠 때면
깃 세운 하늘이 멍들고
잎은 훌쩍 날아오른다.

새벽 두 시 반
아무도 찾지 않는 공원 시소
가랑잎 하나와 서릿발 몇몇
누가 더 가볍고 누가 더 무거울까.

싸늘해진 그대의 미소에
어쩔 줄 모르는 나
덩그렁 덩덩 서릿발 늘어나니
난 어느새 이슬 따라 구름 타고
청푸른 겨울 속 한 점이 되었네.

옛집

이천동 재개발 지역
스물일곱 평 한옥에는
이십칠 년 된 무화과나무 있었다.

여름 한철 툇마루 밑 댓돌 위
빨간 플라스틱 바가지엔 언제나
어머니의 가슴처럼 꿀물 흐르는
무화과 가득 채워져 있었지.

그 집 두고 먼 길 떠나시던 날
가다가 돌아보고 또 돌아보시며
못내 눈물 훔치며 바라보시던 나무

십년이 훨씬 지나 다시 찾은 옛집

대못으로 굳게 닫힌 대문
기왓장 사이로 나뭇가지마다
무화과 주렁주렁 날 반기는데

나도 모르게 소리 없는 눈물
어미를 그리워하는 불효자의 꿈인가
넘을 수 없는 담장
무화과나무만 환하게 미소 짓고.

여름 여자

요염한 태양을 품고
땀구멍마다 사랑 심던 그 여자

불처럼 괴성을 지르며
그를 안고 행복해 하던 여자

여름이면
버선발로 뛰어나와 반기던 그 여자

불덩이처럼 달아올라
가지마다 배롱 꽃 되었다.

저수지

모두 다 그 속에 있네.
아무도 모르게 얼마나 넓은지 깊은지
하늘도 구름도, 산과 들, 은하수까지 흘러드네.

데칼코마니 속 비밀의 정원에서
꽃과 나비, 벌들의 무도회가 열린다.

고요한 표면 장력을 뚫는 반란의 움직임
갇힌 자의 갈망 그것은
그들만이 꿈꾸는 일이 아니다
준비된 침묵의 비상 예보.

저녁노을
그 황홀한 자태에 차오르는
붕어의 힘찬 몸부림.

주름살

주검의 계곡인가
세월의 낙인인가

가다가 쉬어 가라고
뛰다가 멈춰도 보라고
줄을 친다, 걸려서 넘어지라고

아들이 걸고 손자가 걸고
굴렁쇠에 매단 반짝이처럼
가다가 풀리는 작은 매듭

그래서
가다가 훌쩍
바람 타고 사라지는 줄

쥔 손 편 손

손은 참 고마운 임이요
그 임을 마주하면 하늘은 비를 내린다.

가다 보면 꽃도 꺾고
쉬는 동안 싱싱한 풀냄새도 맡고
온종일 뛰고 또 뛰면 발바닥만큼
선명해지는 노을

하루 종일 거머쥔 손에서 김이 오른다.
치열한 눈요깃감 몇 개 건졌나 보다

엉덩이를 뉘이면 손바닥이 웃는다.
활짝 핀 금계국인 양 진한 문신을 본다.

얼마나 쥐고 있나
얼마나 안을 수 있을까
밤하늘을 품은 편 손이 따스해진다.

트집

멀쩡한 세상
유유히 흐르는 강물
물꼬 막고 칼로 베면
속 영근 석류
알이 굵은 밤송이
바람의 트집에 쩍쩍 길을 낸다.

바람은 수천만 길
구름 모양 오만 가지
가지마다 꽃잎마다 트집 잡는
천방지축 개구쟁이 부끄럼쟁이.

계절의 모세혈관에
가을 들녘 트집 내면
먼 산 노을 횃불 되어 산불 내고
해바라기 씨 검게 트집 내면
코스모스 그림자 길어진다.

청산은 수줍어 낯붉히고
황금 들녘 농사꾼 트집은
해 저무는 줄 모른다.

팔조령 안개

새벽 여섯 시 팔조령은 바다가 된다.

멀리 북극성 반짝거리고
팔조리 굴뚝마다 김이 오르면
회색 바람 무당벌레 되어 풀숲 헤맨다.

갈매기처럼 쉼 없이
산을 쪼아대는 먼동 빛 무리가
감물처럼 물들면
조각 섬 하나 둘 알알이 씻어내는 흰 물결

고갯길 모퉁이 어디쯤
딱따구리 똑똑 해를 쪼는 소리 들리네.

하늘 연못

보고 싶어 하늘을 본다.
그리워 구름 타고 찾아가는 곳

절로 뚝뚝 떨어지는 설움
연못이 넘치면
비가 되어 나를 적신다.

하늘 연못 참 크기도 하다.
세상살이 모두 거기 있고
세상 얘기 사연들 헤엄치고 노는 곳

사랑할수록 깊어지고 넓어지고
사랑하기에 꽃들 숨 쉬고 노래하니
무지개다리 변함없이 내 맘속에 놓여 있다.

● 시작노트

    제2시집 『하늘 연못』은 2014년 4월에 출간되었습니다. 총 80편 중 26편을 선별하여 여기에 실었습니다. 2012년 5월 24일 사랑하는 부인을 먼저 떠나보내고, 맏딸은 취직하여 경기도 화성으로 떠나고, 아들은 군복무로 강원도에 있었습니다. 혼자 직장을 다니면서 시 창작에 몰두하던 시기였습니다. 가을 편지를 썼습니다. 바람에 떨어지는 감잎에 밤새 오색의 사연을 적어 보았습니다. 대답 없는 가을날 청도 강변에 갔습니다. 보이지 않는 그물을 던져 저녁을 건져 올립니다. 그물에 잡힌 줄 모르는 송사리는 상처받은 나처럼 귀밑부터 홍조를 띱니다.

    겨울나무는 한 해 동안의 상처를 떨어냅니다. 떨어진 자리에는 문신처럼 남아서 겨울을 이겨 냅니다. 청도 가는 길. 팔조령 정자에서 이서 들녘을 보면, 나를 보고 있는 산과 들 그리고 몽땅 다, 내가 보고 있기에 그들도 나를 보고 있는 것입니다. 존재의 의미를 느끼면 세상사 그냥 좋아서 웃게 되더군요. 맑은 날 오후에 하늘 한 귀퉁이에 조각달이 떠 있더군요. 컥컥대는 펌프질에 물 한 바가지. 마중물은 한낮에도 낮달에 담겨 저만큼에서 기다리고 있다고 생각하니, 부모님의 사랑 방법인 양 여겨져서 눈물이 핑 돌았습니다.

    봄의 전령사인 민들레가 보도블럭 사이로 먼지 같은 흙을 비집고 꽃을 피웁니다. 일주일 내내 자식을 떠나보내는 모정을 지켜보며, 봄을 여는 꽃의 저력을 보았습니다. 의성읍 남대천을 산책하면 굵은 밧줄이 하늘을 묶고, 초가지붕을 꽁꽁 동여매는 모습을 상상하게 됩니다. 가는 세월 밧줄로 꽁꽁 묶어 멈출 수 있으면 얼마나 좋겠습니까.

겨울 하늘이 너무 좋아 꽃구름 타고 놀다가 어둠의 자극을 딛고 선 벼랑 끝 겨울나무가 되었습니다. 볼링장에서 볼링공을 굴리다 한순간 열 핀을 쓰러뜨리지 못하는 삶은 사람의 못난 맘이 모가 나서 그런 것 같습니다. 마음의 정으로 다듬고 다듬어 둥근 공으로 한 번의 기회를 기다리는 내가 되도록 스스로 갈고 닦아야 하겠습니다.

봄바람에 벚꽃이 날립니다. 눈처럼 앞을 가립니다. 춤추는 몸짓으로 유혹하는 봄입니다. 이른 아침 잠 깨어 활처럼 굽어 있는 나를 발견합니다. 하루를 날아갑니다. 그리고 집으로 돌아오고, 내일은 좀더 멀리 나를 튕겨 올리렵니다. 굽을수록 더 높이 오를 수 있을 테니까요. 삼천 번 절을 하면 만날 수 있는 성철 스님. 그래서 절을 합니다. 천 번을 하고, 또 천 번의 절을 하고, 또 천 번을 하고 나면, 열반에 드는 자신을 경험하게 되어 스스로 상처를 치유하고 꽃을 피우게 될 것입니다.

애들 엄마의 마지막 고통은 인간이 참기에는 너무나 큰 아픔이었나 봅니다. 입관하는 날 새벽, 아내의 화사한 얼굴은 꽃이 되어 미소 짓고 있었습니다. 내 아버지는 말이 없었지만 늘 뒤에서 힘을 보태 주고 계셨지요. 아궁이 앞에서 장작이 타고 타서 몸을 가르고, 흰 제 몸을 아껴 두는 숯. 자식이 지친 몸을 이끌고 대문 앞에 오는 소리 듣고, 아궁이 밑불이 되어 솥을 데우는 아비의 속정을 느껴 봅니다. 자정이 지나 아무도 없는 놀이터. 비슷한 무게로 서로 오르내리는 시소를 탑니다. 한 쪽에 앉은 나와 맞은편 낙엽 한 잎 앉은 자리에 이슬이 내려앉습니다. 내가 위로 들어 올려지는 것은 그리움의 무게가 가벼워진 탓인가 봅니다.

   초여름부터 늦가을까지 배롱꽃은 낭자하게 꽃을 피웁니다. 더울수록 더 요염하게 여름을 부여잡고, 기다려 온 여인의 갈망을 대변하고 있습니다. 대구시 남구 이천동 옛집이 생각나서 찾아갔습니다. 재개발로 동네 전체가 빈집이었고, 노숙자가 방화할 가능성이 있는 집은 송판으로 못질을 해서 들어갈 수 없도록 막아 놓았습니다. 골목에서 담 너머 멀뚱히 쳐다보는 무화과나무를 보고는 눈물이 핑 돌았습니다.

   청도군 이서면 팔조리 저수지를 찾았습니다. 태양열에 마르다 응어리진 세상. 모두가 있지만 침묵하고 있는 고인 물. 표면 장력을 뚫고 입질하다 저녁놀에 차오르는 붕어의 몸짓에 나를 실어 봅니다. 자고 일어나 거울 속 주름진 이마를 봅니다. 세월의 밑줄, 그것은 쉬어가라는 쉼표였습니다. 아침마다 불끈 쥐는 손, 하루를 열심히 달리고 저녁이 되어 돌아오면 잘 익은 먹잇감을 가져온 것 같았습니다. 밤하늘은 공평하게 모두를 안아 주는 듯합니다. 쥔 손을 펴면 그 위에 더 많은 것이 얹어지는 걸 봅니다. 편 손이 더 따뜻함을 느낍니다.

퍼즐을 맞추는 시간은 빈틈없는 성격을 갖게 합니다. 열 개, 스무 개 그러다 쉰 개의 조각을 맞추며 살아왔습니다. 그러나 정작 하나가 없다면 백 개의 퍼즐을 맞춘다 해도 소용없는 일이지요. 바로 자기 자신이었습니다. 자기가 없으면 백 개의 조각도 무용지물이 될 테니까요. 새벽 여섯 시에 팔조령 고개를 오르면서 안개바다를 바라봅니다. 그리고 오늘 떠오를 해를 쪼는 딱따구리 소리도 들을 수 있을 겁니다. 연못가의 잔물결로 하늘과 땅이 하나가 되어 움직이는 것을 봅니다. 그 속에는 세상사 모두가 함께하고 있는 곳. 보고 싶은 사람도 거기에 있고, 나도 거기에 있으니 무지개다리 늘 걸쳐 놓고 있다고 했습니다. 내가 잊지 않는 한, 보고 싶은 사람도 늘 함께할 것입니다. 먼저 간 아내를 생각하면서 시작을 하여, 예술적 작품으로 승화시킨 좋은 예라고 생각합니다.

잘 살아라

사랑하는 내 딸, 내 아들아!

누가 뭐라 해도
잘 살아라
누가 뭐라 해도
건강하게 잘 살아라.

산다는 건
여기서 저기까지
돌아볼 순 있지만
돌아갈 수는 없단다.

서로 머리 맞대고
너무 성내지도 말고
너무 기뻐하지도 말고
오만과 편견도 갖지 말고

오늘부터
서로에게 등을 내주어라
오늘 새긴 언약 잊지 말고
나는 너를, 너는 나를 업고

그냥
건강하게, 행복하게 잘 살아라.

3부
염화미소

겨우살이

겨울이 거칠게 나오면
하늘은 저 멀리 도망간다.

갈색 추위 껍질 갈가리 찢을 때
아플수록 심장은 더 녹색을 띠고
꺾인 가지는 서로 의지하면서
속살에 박혀 있는 굳은살에 금을 긋는다.

잘생긴 태양, 깊게 사정하던 날
우듬지 위에 눈꽃 피고
계절의 사생아 두 팔 벌려 포옹하는
초록의 헤라클레스 시위를 당긴다.

괄약근

맨 처음
맥박 뛰기 시작한 순간
삶의 실타래는
견고하게 이어지고

됫박 속 오욕칠정
욕심 찌꺼기 끌어안고
어금니 꽉 깨물고 버티고 선

깊은 어둠의 수렁에서도
묵묵히
정신줄 거머쥔 손
생사의 마지막 자존심

꽃은 상처 난 자리에 꼭 핀다

묵은 거죽 풀고 물오른 가지
솜바람에 퉁퉁 부어오르면
봄볕이 쓰다듬어 새살 돋는다.

악몽에 울부짖던 속사정
강 너울에 풀어내면
봄길 따라
꽃은 상처 난 그 자리에 꼭 핀다.

꿈꾸는 꽃

깊은 꿈속
허무와 무능의 늪에도
외로운 정령이 사는가
금빛 별들이 춤춘다.

긴 잠에서 깨
살포시 지게 벗어 놓고
밭 이랑 매는 농부의 흥얼거림

간밤 보았던 그 빛
톡 겨울을 삼켜 배부른 산수유
긴 산고 끝 꽃망울 터트리면

너는 별꽃 수놓는 어린 신부
난 노란 신방 꾸며 놓은 꼬마 신랑

노아의 방주

흙으로 사람 만들어
산 바다 바람 구름과
함께 살라 했네.

욕심 많은 수요
공급은 상처 입어 피 흘리고
비료와 살충제에 감염되고
병충해에 시달리고
바닷물은 넘쳐나고
바람은 길이 막혀 회오리치고
구름도 병들어 회색빛이라네.

장마가 시작된다.
어미는 새끼를 안고
내일을 지켜야 해
허세와 욕망의 반란 위에
사랑의 노를 저을
큰 배를 만들 때다

눈뜬 봉사

세상은 밤낮으로 환하지만
마음은 늘 고장난 가로등

꽃이 아무리 웃어도 보질 못하고
향기를 풍겨도 느끼질 못하니
눈을 떴다고 다 볼 순 없다

그대 눈감고 걸어요
한 발 두 발 세 발자국

깊이 숨겼던 나만의 문이 열리면
공포와 두려움 불신의 눈이 떠지고
생각은 마음의 눈을 깨운다.

구름 속을 보고
하늘과 땅과 사람을 보라

숲을 보고

나무를 세우고 있는 뿌리를 보려거든
거울 속 당당하게 서 있는
당신의 두 눈을 꼬옥 감아라.

누렁이

낮엔 경비
밤에도 잠복근무

밥 한술에 꼬리치며
충성을 다했건만

아양을 떠는 강아지
이사 오던 날

감나무 가랑이 속으로 쑤욱
명줄 단단히 잡히고 말았다.

달팽이의 꿈

미로의 껍질 등에 지고
세상 향해 더듬이 내미는 수도승

삭막하고 메마른 그 길
고독한 살기 마시면서 천천히
풀숲 지나 빌딩 벽 오를 때도
아무 불만 없이 앞만 보고 간다

귀 막고 눈 감고 묵언의 발걸음
해 지면 어둠 위에 걸터앉아
여태 온 길 모두 지우니
깜깜한 세상천지 모두가 길을 낸다.

대장장이

대장간은 내가 사는 집이다.

찌그러지고 반쯤 날아간 엽전
칼끝 무디어진 녹슨 칼
아무도 쳐다보지 않는
내가 산다

풀무질 소리 낮부터 용광로 달구고
깨지고 부서지고 녹슨 것
한 솥에 넣고 끓이면
서로 뒤엉켜 돌고 돈다.

검붉은 쇳덩어리
냉각수에 들락거리며
사정없이 두들겨 맞아 피멍 들면
망치 든 팔뚝 힘줄 더 시퍼렇게 선다.

새벽 햇살이 대문 활짝 열어젖히면

자갈밭 갈아엎을 쟁기
문을 나선다.

봄을 기다리는 겨울

봄은 어디쯤 오고 있을까
산에는 눈꽃 아직 한창인데
땅속 깊이 발목 당기는 것은 무엇일까
메마른 겨울 속 웅크린 빙점은
얼어붙은 모세혈관의 기다림

꼭 다시 온다던 그 여자
지금은 눈옷 입은 허수아비

참새 날아와 어깨 위에 앉아
겨울빛 발목 간지럼 태우고
마른풀 소곤대는 소리에도
부끄러워 고개 숙이지만

춘삼월
마른 가슴에 햇살 움집 짓고
아지랑이 치마폭 감싸 안으면
마음을 확 열어젖히는 여인

봄은 허수아비의 꿈
그 끝에 피어나는 봄꽃
그래서
참꽃은 금세 여름을 유혹하는가 봐.

세상의 시작

생 그 이전의 시작은 어디인가
끝의 시작은 내가 살아있음인데

뿌리가 땅 밑으로 달려가는 동안
세상의 그 어느 곳이든 뻗어 가는 줄기
시공의 중력은 삶과 죽음의 중심점인가

밝고 어둠의 침묵이 날을 세우면
늪 속 깊은 곳 고목도 새움을 틔우고
목마른 정령들이 이슬로 목을 적실 때
쩍쩍 갈라진 허물을 밀고 나오는 살점들

오월 초록 숲에 두 손을 넣으면
불끈 솟아오르는 뼈 하나
세상의 틈새로 끼워 넣으면
계곡은 청명한 생명수를 분출한다.

큰 산 귀퉁이에 잔뿌리 나거든

시작에서 끝으로 다시 시작되는 매듭
들길을 걷다가 노을을 만나면
맨 처음 보았던 핏빛 모정의 숲이 열린다

겨우내 꽁꽁 묶인 매듭
슬슬 풀어 갈 즈음
설레도록 일어서는 아침햇살
그 가운데 내가 서 있다.

된장국

아버지는 농부였다

식사 때는 늘
두레상을 펴고 우리는
메주콩이 되어 앉았고

정성스런 어머니의 손끝과
구수한 아버지의 땀으로
양은냄비는 펄펄 끓었지

서로 부딪히는 숟가락 소리에
웃음으로 화답하던 단칸방

오늘은 퇴근길에 뜸북장* 사 들고 가
아버지의 마음에 실컷 배부르고 싶다

*뜸북장 : 담북장, 경상도 사투리. 햇장이 만들어지기 전에 급히 만들어 먹는 된장.

숨은 그림 찾기

아침부터
큰 눈 뜨고 쓰인 대로
찾기 쉬운 것부터
찾기만 했네.

웃으며 즐거워도 했고
힘들어 눈물짓기도 했네.

해질 녘
테두리 속 텅 비우고서
여태껏 당신이 찾아 헤매던
숨은 그림 하나가 나인 줄 알았네.

시 짓는 농부

하늘 아래 씨앗 하나 뚝 떨어져
햇살 좋은 밭에 심고 정성스레 물주고
날마다 미소 지어 싹 트면
너는 나에게 꿈길 열어 보이고
실낱같던 줄기 통통 살이 올라
뽀송한 꽃봉오리 봉곳 솟을 때
눈 감고 가슴 열어 너를 안는다.

참으로 설레고 벅찬 가슴앓이

햇살 저축한 씨방 속 시어 살찌고
시든 꽃 속내엔 영근 씨알 떠날 채비
붉게 익은 시 한 편
노을빛으로 산허리에 걸터앉으면
밤이 와 낙엽 위로 흰 눈 쌓이고
가슴속 오물거리던 언어들
신세계 꿈꾸며 기억창고 속 텃밭 일군다.

심고, 땀 흘려 가꾸고, 추수하고
겨울엔 처마 끝에 모종을 매달아 놓는 난
때를 기다리며 살아가는 범인凡人

시 짓는 농부일 뿐.

야간 질주

자전의 법칙
그믐밤이 깜깜하다

새벽 한 시
질주의 깃발을 번쩍 들었다

붉디붉은 꽃향기 따라
무섭게 달리는 자동차
잠깐의 후회마저
어둠에 지워지고
잊었던 옛이야기는
조문국 정원을 찾아 나섰다

멍멍이, 엉머구리 소리길 밝히고
어둠 속 작약 숨죽여 꽃피우니

해를 향한 조문국
그 암술의 노란 유혹에
야간 질주는 현재 진행 중.

어머니의 지참금

어머니는 시집오실 때
무명 주머니 하나 차고 오셨는데
아버지는 그 안에 무엇이 들었는지 모르고
오십 년을 살았다.

힘들고 어려울 때면 몰래
열어 보시며 미소 짓던 당신.

이제, 그 낡은 주머니를 엽니다.

사남 일녀 행복을 기원하는 소리에
눈물만 가득 채웁니다.

회색 하늘 2

구름이고 싶다
회색 하늘이고 싶다.

색안경 끼지 않아도
당당하게 하늘 볼 수 있는

때로는
한여름 뙤약볕 지우는 그늘로
겨울가지에 눈꽃 피우기도 하면서

미치도록
모나고 상처 입은 사람
회색 깃 툴툴 털면
후두두 쏟아내는 빗줄기

온 세상 다 품고 있는
언제나 넉넉한 당신이고 싶다.

인욕 1

빛 좋은 날
허물은 황금 갑옷이 되고
비웃음은 은빛 투구를 썼다네.

겸손의 창칼이 갑옷을 꿰뚫고
진실의 미소가 투구를 벗기는 날

땅에 귀대고 하늘을 보나니
모두가 위에 있고 모두가 살아 있네.

빛 좋은 밥상
인욕을 삼킨다.

일어서는 강

비안比安 강가
어린 날 추억이
등갈퀴에 조롱조롱 열려서
보랏빛 얘기 술렁대고 있다

내일 향한 물수제비의 퍼덕임
긴 목 빼고 하늘을 쪼는 왜가리

조약돌 위에 탑을 쌓는 물살
퍼덕퍼덕 일어서고 있다

햇살에 놀라 튕겨 오르는 강물.

조문국 정원

작약 꽃 이불 덮었나?
할미와 할아범 내 아들 덤 덤들아

달 별 바람도 쉬어가는 곳
검붉은 꽃잎으로 자리 깔고
노란 꽃술 베게 삼아 누워
오월의 풀벌레, 꽃향기가
일어서는 밤
숨 가쁜 정원

아직도 잠 덜 깬 잡풀 속 비비면
깊은 꿈 깬 조문의 무덤덤이여!

저기 금성산 꽃물 드니
이제 그만
새벽이슬에 몸 씻고 일어나라.

진달래 독경

멀리서 달려가고 싶어
가까이 가면 먹고 싶지

간드러진 분홍치마
알토란 씨방
가슴 한쪽은 선분홍

불심은 향기로 피어
독경 소리
비슬산 정원에 가득하다.

창조의 힘

매듭과 매듭 사이
직선이 곡선과 이어지는 곳
에로스 사랑이 승리하던 날

빛과 그림자의 경계는 지워져
우주의 밑그림 위에는
태동의 맑은 미소 걸렸다

움직이는 것과 멈춘 것이
서로 맞물려 밀담을 나누고
마당바위 실금 사이로 별똥 하나

수억 겹 싸고 싸도
바람길 따라 뚫고 나오는
연둣빛 줄기세포 심는다.

천불 1

해가 산불 내고
저녁 하늘 낯붉히면
그 불길 냅다
가슴에 품은 여인을 찾는다.

바람이 노적봉, 벼슬봉 사이를 찔러
고요한 청호저수지 물오르면
흘러간 세월 타고 남은 혼이 되어
가슴속 남은 불씨 밤을 밝힌다.

말없이 타는 혼불
온천지 꽃 심방에 불기둥 일면
저 하늘 몽땅 태우고 남을
천불 일 난다.

*혼불문학관에서

침묵의 뼈

침묵의 살점 도려내면
형체를 알 수 없는
예리한 뼈만 서 있다

핏줄로 엮인 세상
어두울수록 더 선명하게
갈비뼈 드러나고

그믐밤
하늘을 찢고 일어서는 별똥별
홀연히 바다를 안고 피를 토한다.

해탈문 5

문을 나서
두 손 가득 쥐지 말고
발 뗄 때 작은 삶도 존중하고
향기로움에 목메지 말며
좋은 것에만 눈 돌리면 안 된다.

문 열고 들어와
눈 감고 귀 닫고
가부좌 틀고 합장하면
삼라만상 날 안고 나를 살리고
맘은 맑은 샘물
가슴은 바다를 안은 하늘

그리고
보이는 건 모두 풀꽃이 된다.

호박

아침이 되면
나를 몽땅 쏟아낸다.

버린 만큼
호사스런 하루
또 먹어 치우겠지만

속을 아는 그는
속을 다 갉아먹어야
직성이 풀린다.

뼈와 살, 씨앗마저
누렇게 익어 어디든
둥글게 잘도 굴러

술 취한 세상
시원하게 속 풀어낸다.

황새의 꿈

잊혀진 이름표
천연기념물 199호.

길고 빨간 다리와 부리
희고 부드러운 깃
큰 날개 펴고 세상을 나섰다.

당당하게 속세를 누비던
묵언 스님은 오늘도
죽장 들고 타닥타닥
졸고 있는 대문 두드리고 있다.

염화미소 1

연못 속 연꽃 한 송이
구름밭 귀퉁이에 폈네.

밤하늘 별에서
너럭바위까지
묵언의 향기 환하다.

두 손 합장에
고요한 천심동자
염화미소로 화답하네.

● 시작노트

    제3시집 『염화미소』는 2016년에 발간하였으며, 총 80편 중 28편을 이 시집에 수록하였습니다. 2015년 6월 말 55세로 정보통신부에서 명예퇴직한 후 경상북도 성주군 선남면 장학1길 167-20으로 귀촌하였습니다. 퇴직하고 2년 동안 혼자 있는 시간이 많아 영남불교대학 납골당에 자주 들러보고 불교 경전도 접하고, 전국의 유명 사찰을 다니면서, 살아간다는 것과 죽어간다는 것, 삶과 죽음에 화두를 두고 명상을 많이 했습니다. 겨울은 모든 식물이 죽은 듯 몸을 감추고 때를 기다립니다. 하지만 키 큰 나무 우듬지에는 헤라클레스의 활처럼 푸른 줄기가 원을 이루고 있답니다. 겨울을 사는 겨우살이입니다.

    사람이 죽을 때가 되면 항문 근육인 괄약근이 느슨해집니다. 괄약근은 산 자의 마지막 자존심이라 생각합니다. 꽃은 상처가 나고 그 상처 난 자리에 꼭 피어납니다. 우리의 삶이 아무리 힘들고 어려워도 참고 열심히 노력한다면 언젠가는 그 자리에 꼭 꽃이 피겠지요. 겨울을 인내하는 뿌리는 봄이 되면 상처를 꽃으로 덮습니다.

    어둠 속에서도 별을 꼭 간직하십시오. 성서에서 우리는 사랑을 배웁니다. 그러나 인간의 헛된 욕심으로 세상은 흐리고 썩은 물로 가득 차 있습니다. 사랑으로 만든 커다란 방주가 필요한 때인 것 같습니다. 요즘은 애완견이 참 많습니다. 시골집에 가면 가끔 덩치가 큰 똥개를 봅니다. 시골에도 애완견이 와서 아양을 떱니다. 여태까지 밤낮으로 집을 잘 지켜 오던 누렁이는 감나무에 목줄이 매인 채 마지막 괄약근을 풀어놓습니다.

　요즘은 개성 시대라고도 하지요. 자기가 보고 싶은 것만 봅니다. 아무리 좋고 예뻐도 관심을 갖지 않으면 눈뜬 봉사가 아닐까요. 달팽이는 하루 동안 일 미터도 안 갑니다. 묵묵히 천천히 제 갈 길을 가는 묵언 스님. 그래도 굽히지 않는 꿈을 가지고 있습니다.

　고령 장터에 가면 대장간이 있습니다. 풀무질로 쇠를 달궈 망치로 치고, 찬물로 식히고, 또 달궈서 두드리는 대장장이. 그의 굳은살이 박혀 있는 단단한 쇠는 세상의 텃밭을 일굴 쟁기로 문을 나섭니다. 아버지께서 퇴근할 시간이 가까워지면 부엌에서 된장국 냄새가 구수하게 났었지요. 두레상 펴고 앉은 우리 가족이 그리워 오늘은 아버지의 된장국에 실컷 배부르고 싶은 날입니다. 꽃이 꾸는 꿈은 어떤 꿈일까요. 의성군 숲실 마을에는 꼬마 신랑과 신부를 꿈꾸는 산수유가 봄을 기다립니다. 빨간 등을 겨우내 밝히고 있답니다. 세상의 시작은 어디쯤일까요. 세상은 내가 서 있는 이곳이 바로 세상의 시작이란 걸 잊으면 안 됩니다.

　신문을 보다가 숨은 그림을 찾아봅니다. 사람, 인형, 자동차 등 모든 그림을 다 찾고 나서야 그림 속에 언제나 나의 모습도 존재하고 있다는 걸 느낍니다. 퇴직하는 날 발표한 작품이 시 짓는 농부였습니다. 시어를 뿌리고, 영양분을 주고, 가을이면 잘 익은 시어로 행복을 사고, 내년 농사에 쓸 종자를 처마에 걸어 두는 농부로 살고 싶습니다.

의성 조문국 사적지에 작약이 만발한 5월. 그 봄밤의 유혹을 떨치지 못해 질주가 시작되었습니다. 내 어머니는 시집오실 때 무명주머니 하나를 갖고 오셨습니다. 아무도 신경 안 쓴 주머니 속에는 어머니의 사랑이 가득 담겨 있었습니다. 오남매가 잘되길 바라는 기도가 든 무명주머니는 어머니의 지참금이었습니다. 멀리 있어도 표정 하나로도 속마음을 헤아릴 줄 아는 사람, 하늘 한 귀퉁이에서 너럭바위까지 가득한 불심, 따스한 염화미소랍니다.

사람의 욕심은 끝도 한도 없는가 봐요. 허물과 진실의 갑옷을 벗으면 우리의 새살은 돋아날 수 있을는지요. 비안면 동부리 강변에서 한낮의 햇살이 튕겨 오르는 걸 보았습니다. 어쩌면 신공항 이전 확정을 예고한 작품은 아닐까 생각해 봤습니다. 조문국 정원에 작약이 만발하여 금성산 붉게 물드는 새벽, 이슬에 몸 씻고 잠깨어 일어서는 조문의 무덤들이여. 옛 통일신라에 귀속된 조문국(소문국)의 새로운 태동을 느낍니다.

대구시 달성군 비슬산에 진달래가 피었습니다. 사방팔방 퍼지는 불심의 향기를 느끼는 4월. 매듭과 매듭 사이, 빛과 어둠 사이, 우주의 뒷모습 사이로 내미는 창조의 힘은 우리가 존재하는 생명의 싹이란 것을 믿습니다. 혼불문학관에서 천불을 씁니다. 고 최명희 선생님의 명복과 존경의 표시로 그를 기리고자 천불을 냅니다. 침묵은 고요와 적막의 옷으로 가려져 있지만 뼈대가 있습니다.

해탈문을 지나면 모든 것을 탐하지 말아야 하고, 보인다고 다 갖지 말고, 좋다고 다 행하지 말아야 하며, 눈을 감아도 빛을 볼 수 있어야 한다고 합니다. 너무 밝지도 어둡지도 않은 회색 하늘은 모든 것을 포용하는 관용의 하늘빛이라 생각합니다. 한낮에드 색안경을 벗어도 좋을 겁니다. 천연기념물 199호 황새는 어떤 세상을 찾아 나섰을까요? 죽장 들고 졸고 있는 대문을 두드리고 있습니다. 속을 비운 호박은 세상 어디든 굴러가서 술 취한 세상을 속시원히 풀어낼 것입니다.

특별한 날

들판은 영글어
포기마다 하루를 이고
나락에 꼭꼭 숨긴 어린 날
눈길에 밟힌다.

오늘은 특별한 날
아끼고 아끼던 너를
하늘 높이 꼬끼 태워 보내는 날.

첫 걸음마 어린 싹 자라
들길마다 꽃등 밝혀 두고
다소곳 절하는 등 뒤로
아침 햇살 일어서는가.

새아침 새 한 마리
노래하며 하늘 높이 날아가네.

가을날
논두렁 밭두렁 오곡백과 영글 때
뒤돌아보며 살자
특별한 그 봄날을 기억하며.

4부
발바닥 지도

무화과나무 닮았다

가뭄 속 마른 무화과나무에게
그냥 믿고 행하라고 하시던 말
연분홍 꽃 피우는 걸 그땐 몰랐다.

도래질하는 나를 혼내시며
묵묵히 뙤약볕 아래 일하시던
어머니.

다섯 남매 달콤하게 살라고
긴긴 날 자신을 태우던 그 믿음
죽은 나무에 매일 물 주었더니
잎을 내밀고 당신의 그늘 아래
청푸른 열매 달렸다.

당신 꼭 닮은
무화과 다섯 개 열렸다.

그림자놀이

살다가 문득
그 자리에 설 때가 있다

울퉁불퉁한 길바닥에 배 깔고
쫓아온 바람 비켜설 때
배꼽에 전해지는 흑백의 진리
뱃속으로 스며든다.

멈춘 것은 판
움직이는 것은 말
윷짝을 높이 던지자

길거나 짧거나 살다 보면
슬쩍 멈춰 땅에 탯줄을 꽂고
대지의 소야곡을 듣는 날 있다.

깨단하다

게으른 하루가
눈 비비며 밖에 나서면
참나무 잎 하나 밤새
불침번 섰는지 졸고 있다

어제와 다른 앞산
말라가는 나뭇가지는
무슨 의도로 서걱대는지
불면의 어둠은
파랗게 시린 윗마을 소식을
우편함에 넣고 갔구나

익숙한 얼굴로 말 걸던 당신
물길 따라 산 넘어온
늦가을에 멱살 잡힌 자존심
가랑잎에 숨어
허공을 향해 푸석거리고 섰다.

꽃의 반란

침묵은 어둡고 무겁다
그러나
눈은 맑고 투명해서
밤마다 별들이 숨바꼭질한다.

얼음 밑 체념의 속성이
속내를 풀고
꿈틀대는 뿌리는
꿈을 피워 올리는 중

흙으로 강을 열어
바다를 퍼 올리는 부리가 있어
반란의 선혈 참꽃을 적신다.

끝의 시작

처음이 흘러
남루한 겉옷과
얇게 구멍 난 신발이 되면
우리는 쉽게 버리고 만다.

검게 삭아지고
쩍 갈라진 세월의 주름과
산처럼 커진 숨겨둔 허물
겨울의 묵은 고갯길에 놓고
새벽빛으로 꽃길 열어라.

그리고
천년 바위 갈라진 끝자락
실낱보다 가는 초록 실타래
그 끝을 잡고
역사를 풀어놓아라.

노을 이정표

서산으로 노을은 넘어가
그림자 산을 지우고
바람이 귀를 세워 길을 열면
그 길 따라 별들 서성거린다

오늘 얼마나 많은 사람이
넘어지고 가시에 찔려 아파했을까
산이 달아올라 기어코
천지에 피를 토한다

어딘가 기다리며 서 있는
이정표, 참 선명하다

눈물 탑

칠포 하구 한 귀퉁이
눈물로 쌓은 탑
칼바람에 찢긴 제 몸 추슬러
웅크린 마음 부둥켜안고 있습니다.

어느덧 늦가을 바람이
작은 틈새로 들어와
탑을 자꾸만 무너뜨립니다.

물기 잃은 모래는
구름처럼 흩어졌다 다시
눈물로 탑을 쌓습니다.

하얗게 말라가는 가슴속
탑신이 여물기 시작하고
정제된 민물은 한층 몸을 키웁니다.
바다 위에 꼿꼿이 섭니다.

꽃의 비밀

가지마다 잎으로 동여맨
겹겹이 둘러쳐진 문
고리마다 꼭꼭 숨은 말

우주의 어느 별이 죽으면
수억 광년을 떠돌다
저 잠긴 문 속을 채웠으리라

풀지 못한 속내와 밀어
밤새껏 별을 고문하는 바람에
탁 열어젖힌 어여쁜 속.

들녘을 훔치다

연한 연두 잎인 줄 알고
초록 그늘로 들꽃 물어 와
속살 영글어
누렁이 단잠 깨우듯
노을을 입는다.

어디서 어디로 길 열어
바람소리 들리는가

이름 모를 산새 소리와
눈이 시리도록 고운 하늘 안으면

황금 들녘 훔친 구름
새도 바람도
하늘조차 공범이다.

만년송* 바라보니

늦가을 만취당 뜰 옆
만년송 가지 내리다
내리다 쓸어올리는 가지
바람 치며 사촌을 지키네.

임진년 붉게 타던
우국 향기 노을을 적시고
정미년 국채의 사슬 끊어
호국 여명黎明 일깨워 세운 땅

청솔 청청 날 세워
문향 길게 대지를 물들이면
별 별로 통하는 사촌 관문 열리고
선비들 세상천지 빛 따라
푸른 가슴 천만년 나래 펴
대곡천 유유히 흐르네.

해질 녘

불새 한 마리 날아오르면
오백 년 뒤틀린 몸부림.
어우러져 맞물린 민족혼
용을 품고 창공을 솟아오른다.

*만년송 : 경북 의성군 점곡면 사촌리 205번지. 경북기념물 제107호. 수령 오백 년 묵은 향나무.

뚝심

버틴다는 건
참을 수 없는 고통을
견디고 있다는 마음

내일을 준비하는
꿈을 향한 날개를 접듯
둑을 쌓는 일

개울에서 바다까지
산길에서 논밭까지
팔소매 걷어 부친다

터질 듯한 핏줄
힘껏 움켜잡는 힘.

몫

영천 호국원에는
모년 모월 주어진 몫을
한줌 망설임 없이 다한 사람들이 산다.

당신은 우주 한 모서리
고요한 산자락 한 평으로
당당히 몫을 찾으셨다.

서 있는 만큼
시공을 허락 받아
눈부신 청천을 올려다보라!

어느덧
그림자 길게 제 몫의 무게로
등에 업힌 몫을 챙기라 한다.

묘적암*에 새겨 두다

대승사 묘적암
큰 바위 굴러와
앞을 막고 돌아서 가라 한다.

푸른 음성 바위 치고
청솔가지 찢는 하늘빛
잔설이 떡갈잎 적시고
천년의 날선 이끼는 변함없는데
나무와 돌과 풀이
길을 내어 주는 것은
어제 비워 내일 채운다는 일

묘적암은 그냥 웃고
구름은 바람결 타고 잠시 머물 뿐
오늘은 그냥 큰 바위에 새겨 두라고.

*묘적암 : 경북 문경시 산북면 전두리. 대승사의 암자.

고래가 일어서다

일상이 싱거워졌다.

바람 부는 날
바다는 고래가 된다.
태풍이 불면 힘차게 일어서는 고래

수평선 넘어 잊었던 기억을 등에 지고
성큼 다가서는 맷집에
모래사장은 오줌을 지리고 있다

고래가 날 세워 호통 친다
바람을 맞잡고 일어서는 거품들
헤진 옷깃 깊숙이 젖어든다

순간
짠맛에 길들여진 고래 뱃속에서
일상이 속속 숨죽이며 벌떡 일어섰다.

묵언의 향기

조용한 곳 찾아 귀 기울이면
인간이 인간을 사고파는 시장
시끄러운 냄새가 구리다.

솔가지 멋대로 휘청 하늘 이고
멧바위 비집고 솟는 물.

말이 없다
묵언이 쩌렁쩌렁
천지사방 과묵한 향기로
어둠조차 푸르게 펴 눈을 밝힌다.

미루나무에 앉은 하현달

새벽 찬 서리 내리면
금빛 바늘로 마른 가지에
색동 옷 해 입히고
둑 너머 냉큼 물안개 퍼 올리네.

어둠을 온통 불사르고서야
조금씩 비워지는 시간
지워진 조각 밤새도록
낙동강 바닥 깊이 숨기고

강정보 미루나무에 앉은 사연
강물에 하나 둘 떠내려 갈 때
가로등 불빛으로
물수제비뜨는 나그네.

발바닥을 이다

지금껏 머리로 걸어서
마음은 먼지투성이
하늘은 발아래 있어
구름을 밟으면 비가 내린다.

땅을 짚은 손
침몰된 가지로
봄빛 따라왔다 꽃샘추위 만났네.

여태 숨겨 둔 발바닥은 보물지도
큰 나무 그늘에 숨긴 발가락 열
보물섬 한바다 이고 있다.

부비다

늘 부비고 산다.
여기저기 산과 들
하늘을 껴안고 부비고
바람을 맞대고 한없이 부비다.

얼마나 부비야 열이 날까
얼마나 오래도록 부비야
산과 들에 꽃피고
핏발선 깃발 멈출 수 있을까

밤새 부비던 칠포
영근 불꽃 심장 불타고
지칠 줄 모르는 하얀 꽃
끝없이 세상을 부비고 있다.

비계 飛階

사는 동안
손발 닿는 곳
눈과 마음 가는 곳에
크고 작은 흠집 생겨나고
그럴 때마다 세금 내듯
촘촘한 그물망으로 걸러
감가상각 채우기 위해
비계를 세운다.

생의 한나절 구르다 패인 것들
빠짐없이 메우고 때우면
깨지고 멍들어 딱딱해진 주름살
시뻘건 속사정 한줌 풀어낼까

대나무 마디는 굵어지고
텅 빈 속은 자꾸만 넓어만 가는데
긴 대나무 하늘 벽에 걸치고
마디마다 꽁꽁 엮어 덮어라.

살 만큼 더 높이
빛바랜 지붕과 갈라진 벽
높을수록 크고 넓은 틈 보인다.

살아 있음에

늦은 저녁 그네를 탄다.

별도 달도
개구리, 소쩍새 휘파람새도

온몸으로 용을 쓰면
바람이 인다.

이 한밤 모두가 바람을 내며
용쓰고 있다.

살아 있음에
모두들 그네를 탄다.

아버지의 시계

그것은 집이었다.

집에는 식구가 있고
때마다 의식이 있고
보고 듣고 내일을 만들어 간다.

내일은 소리가 없고
만질 수도 없는 우주를 맴돌다
투명한 옷 한 벌 걸치고
쉬지 않고 그늘 밑에서 일한다.

고목 아래 빛을 내려놓고
어둠이 멈추기를 기다려 잠들면
금빛 시계 건네는 목소리
아버지는 집을 짓는다.

잡초를 베다 1

여름 한낮 텃밭에는
작물의 단맛을 탐하는 잡초
끈끈한 갈퀴손 앞세워
큰소리 치고 있다

가슴속 깊이 숨겨 둔
낫 하나 움켜잡으면
나를 향해 일어서는 칼날
순간 너의 목덜미 움켜쥐고
밀면서 나를 벤다.

잘려진 잡초 속에서
날 세우는 너
움찔
양심의 목젖이 침을 삼킨다.

잡초를 베다 2

가을이 익으면
잡초도 익어

날은 무디어지고
텃밭은 묵묵부답

돌아누운 햇살이
얼룩진 낫을 씻는다.

직지사 뜰 앞에서

가을 풍경 이고 선
직지사 뜰 앞에는
가지 떠난 낙화 바위를 친다.

노을이 빛 고운 단풍을 치고
돌아앉은 옛 시인의 노래를 듣는다

얼마나 숨죽이며 울었나
검버섯 쓰다듬는 갈바람 가슴이여!

서럽도록 애달픈 속울음
검붉게 맺힌 잎이 서성대다
대리석 가족 부둥켜안고 렌즈 안으로
핏대 선 목청 새겨 넣는다.

젖을수록 선명하다

땀이 난다
모공을 치솟는 열정
봇물처럼 터진다.

앞으로 뒤로
중력의 모태를 겨냥한
울림의 자국
어둠이 젖을 때까지
젖고 또 젖어
깊게 골을 낸다.

젖을수록
더 깊고 선명한 흔적
새벽의 나라에
새 물길 낸다.

침묵의 맥

고요한 바다 위
헐레벌떡 달려와 지친 몸 뉘이고
스스로 말씀 받아 숨길 열어
생의 반쪽 분질러 수평선 긋고
고요한 아침의 나라 흔들고 있다.

성내지 않고 일어나 하늘을 세우고
보이지 않는 믿음으로 물보라 피울 때
우리는 보아야 한다.
파도 타는 바람의 숨결을

팔뚝 걷어 올리고 혈을 짚어라.
침묵의 맥은 아직도 뜨겁다.

표충사* 풍탁

삼층 석탑에 바람이 울고 있다.

탑돌이 하는 바람
머리 숙여 합장할 때마다
펑펑 눈물을 쏟아낸다.

검버섯 돌구멍 하나 뚫어
엉킨 매듭으로 제 몸 동여맬 때
쩡쩡 울어대는 풍탁에 노을이 젖는다.

*표충사 : 경상남도 밀양시 단장면 구천리 23. 재약산에 있는 사찰.

풀과 얘기하다

고향이 같다고
금방 친해졌다.

명주실보다 질긴 얘기
술술 풀어 두고
밀고 당겨 본다.

세상에 묻은 흙
툭툭 털면서
실뿌리까지 뽑아낸다.

끈질긴 동향의 속사정
키 작은 눈 맞춤이 낯익다.

흙

당신 앞에서
텅텅 비우네.

초록의 시간과
욕망의 강 건너

허물조차 바람에 날려
꽃이 되고 나비가 되고

어느덧
그대 발아래 한 줌 흙이 되었다.

발바닥 지도

부지런히 걷고 달려왔다

앉을 때는 무릎을 꿇었고
누웠을 땐 저 멀리 외면했고
열 번 씻을 때 한 번 씻기면서
다칠까 아플까 굳은살 박힐까
걱정해 본 적 없다

우연히 마주친 얼굴
두꺼운 낯가죽엔 지문도 없이
반질거리는 몸뚱이

굵고 짧게 패인 구덩이
밤낮으로 삽질한 길
고지마다 말라붙은
지도 한 장 선명하다

● 시작노트

    제4시집 『발바닥 지도』는 2019년 1월에 발간되었습니다. 총 80편 중 30편을 이 책에 수록했습니다. 퇴직 후 시골 생활에 적응 하면서 책도 읽고, 시 공부하고 싶은 사람에게 조언도 하고, 밤이면 풀벌레 소리, 고라니 소리 들으며, 달빛 아래 빈 솥에 물 붓고 선녀들 목욕물도 데우면서 사색에 잠깁니다. 그러다 울컥 바다가 그리워지면 고속도로를 달려 칠포로 갑니다. 밤바다, 파도, 고래, 별, 별똥별, 그리고 해무. 일상이 싱거울 때면 칠포 해변으로 フ·서 고래를 만나고 오십시오. 시퍼런 등 치켜세우고 솟구치는 고래의 고함을 들으면 또다시 살아야 할 의미를 찾게 될 것입니다. 모래사장에서 그림자와 놀아도 좋습니다. 늘 나였지만, 내가 아닌 듯 보지 못하는 나입니다. 자꾸 바라보다 보면 자기도 모르는 사이에 서서히 스며드는 것을 깨닫하다고 하지요.

    늦가을에 멱살 잡힌 자존심이 뭘까요? 가랑잎 뒤에 숨어서 푸석거리는, 겨울 앞에서 얼굴을 가리는 우리는 되지 말아야겠지요.

    꽃이 반란을 일으키면 바다를 퍼 올리는 부리가 생깁니다. 봄 산을 붉게 적시는 것은 생명의 물입니다. 우주의 어느 별이 내려와 꽃잎 속에다 무엇을 숨겨 두고 문고리를 굳게 채워 두었는지 모릅니다. 그래서 밤새워 고문한 바람이 새벽에 빗장을 풀어 속을 보여줍니다. 자연의 신비로운 이야기는 낮보다 밤에 더 진지하게 엿들을 수 있습니다. 우리는 작은 매듭을 끝으로 착각하며 살고 있습니다. 새것을 사서 조금 쓰면 헤지게 되고 수리를 맡기지만, 보통은 그냥 버립니다. 그게 끝이지요. 새것을 얻을 수 있다는 확신이 있을 때. 그러나 사람이나 자연은 확신을 할 수가 없지요.

천년 바위에 실금 사이로 난 초록 실타래를 붙잡고 새 역사를 시작할 때가 왔습니다. 노을을 보면 가슴이 뛸 때가 있습니다. 나이가 든 탓인지 모릅니다. 하지만 노을은 하루의 칼날에 상처 입은 사람들이 흘린 피로써 산과 하늘을 적신다고 합니다. 그 산등성에서 가리키는 이정표는 참 선명합니다. 그래서 심장소리가 더 커지는 것이 아닌가 싶습니다.

해수와 담수가 만나는 하구에는 눈물 탑이 있습니다. 모래로 쌓은 탑은 눈물 없이는 쌓을 수가 없는 탑이랍니다. 노을이 머문 듯 앞산이 붉어지면 나뭇잎도 곱게 단장하고, 새들은 바쁩니다. 동네 앞 논에는 황금빛이 가득하고, 바람과 새와 하늘이 공범이 되어 들녘을 훔쳐갑니다. 보는 이는 모두 방관자가 됩니다. 참고, 버티고, 견딜 수 있는 것은 뚝심입니다. 농사꾼의 뚝심은 농촌의 근본이지요.

내 고향 의성 사촌 마을에 가면 수령 오백 년 된 향나무가 있습니다. 만년송이라 하는데 소나무가 아닙니다. 만취당의 고풍을 지키고 선 만년의 향나무는 허리를 낮추고 마을을 어루만지는 넓은 가슴을 가진 나무입니다.

6·25 참전 용사인 아버지는 영천 호국원에 계십니다. 당신들의

몫이 얼마인지 알 수 없지만, 모두들 청자, 백자 그릇에 담겨 한 자 밖에 안 되는 공간에 계십니다. 나의 몫은 어느 정도인지 그냥 고개만 숙여집니다. 아직 눈이 덜 녹은 산사 길 바람이 차갑습니다.

경상북도 문경군 대승사 묘적암 큰 바위는 앞을 가로막고 돌아가라고 합니다. 어제를 비우면 내일이 채워진다는 말씀, 오늘을 새겨 두고 그냥 돌아왔습니다.

대구시 이천동 본가의 무화과나무는 내 삶의 등뼈처럼 늘 살아 숨쉬는 걸 느낍니다. 아무리 가뭄이 와도 잎과 열매를 맺는답니다. 그렇게 어머니의 기도는 살을 영글게 하고, 죽어서도 거름이 되어 잎을 피우고 열매를 맺게 하십니다. 가만히 귀기울이면 인간 세상 똥 냄새가 물씬 납니다. 묵언의 향기는 천지에 쩌렁쩌렁 호통을 치고 있습니다.

달성군 강정보 강가 미루나무에 하현달이 걸리면 강물은 물안개를 퍼 올립니다. 가로등이 밤새 시샘하며 눈을 부릅뜨는데 한가하게 물수제비뜨는 사람을 봅니다. 피곤할 때면 누워서 발을 하늘로 듭니다. 저 발로 지나온 길을 되돌려 봅니다. 엄지와 네 발가락은 보물 지도입니다. 못생겨서 더 비밀스런 보물섬. 발바닥은 등고선을 낀 지도입니다. 족상이 좋은 사람은 길 가다가 돈도 많이 줍는다고 하지요. 그래도 굳은살 많은 제 발바닥이 더 소중한 보물 지도입니다.

지금까지 살아오면서 수많은 일들을 겪었지만 한 번도 칭찬해 본 적 없고, 불평 한 마디 들어본 적 없습니다. 요즘은 세수를 할 때 발을 씻기면서 발바닥의 지문을 보면서 찡한 가슴을 쓸어내릴 때가 있습니다. 고맙고 감사한 마음으로 잘 씻깁니다. 태어나서 지금껏 부비며 살았는데 그걸 알지 못하고 살았습니다. 앞으로도 얼마나 부비면 산과 들에도 꽃이 피는지 궁금합니다.

    공사장을 지나다가 오래된 건물을 수리하기 위해 안전장치를 하는 비계를 봅니다. 사람도 살다가 많은 고장이 나서 병원 신세를 지게 됩니다. 산다는 것은 바람을 일으키는 일이라고 생각합니다. 바람은 정지된 물체를 움직여 줍니다. 바람과 사람과 그네, 사람이 용을 쓰면 바람이 일고, 그네는 움직여집니다. 세월을 움직이는 것은 바람이고, 사람이 용을 써야 바람이 납니다.

    아버지가 끼고 있던 시계는 나도 모르게 내 손목에 끼워져 있습니다. 나도 모르는 사이에 아들에게 물려준 아버지의 시계를 생각합니다. 텃밭을 가꾸면서 채소와 잡초를 분간하기 시작하면, 낫을 들고 잡초를 베게 됩니다. 낫은 기억입니다. 칼날이 나를 향해 있고, 풀을 움켜잡은 손도 잡초를 끌어안아야 합니다. 묘한 관계입니다. 나에게 해가 되는 사람이나 물건을 버리거나 없앨 때, 우리는 그의 존재보다 나를 한 번 더 생각해 보는 시간이 필요할 것 같습니다.

    김천 직지사 앞뜰에는 가족상이 있고, 그 앞에는 긴 의자가 있습니다. 가족은 서로를 다독이며 삶을 노래합니다. 긴 의자에 앉은 중년 남녀가 서로에게 미소로 노래하는 소리는 참으로 정겹습니다. 여름날에 노동을 하면 땀이 납니다. 그 땀은 중력의 모태를 겨냥한 노력의 흔적을 남깁니다. 땀으로 젖는 옷과 수건이 선명하게 내일의 물길을 여는 것을 느낄 수 있으면 살아가는 즐거움도 크겠지요.

밤바다의 전경은 달이 없으면 더 으스스합니다. 하지만 침묵의 본성을 보게 되는 기쁨도 있습니다. 가만가만 들려오는 파도의 너울 소리는 심장의 파동입니다. 바람결에 미동하는 세상에 내미는 맥박소리, 그때 소매를 걷고 침묵하는 바다에 손을 대어 보세요. 침묵의 맥이 얼마나 뜨거운지 느껴집니다.

밀양 표충사 삼층석탑은 탑돌이 하는 사연을 다 듣습니다. 검버섯이 선명하도록 듣기만 했으니 저녁이면 노을이 더 붉게 애가 탑니다. 얼마나 먼 날을 기다려야 소원을 들어줄 수 있을까요? 참 답답합니다. 그래도 마음 편히 가라고 딸랑딸랑 경을 읽습니다. 자연 속에 생활하다 보면 가끔 나도 풀 한 포기로 서 있는 것 같습니다. 같은 고향이기에 금방 친해집니다. 세상사 이런저런 속사정도 얘기하고, 키 작은 눈맞춤이 참 정겹습니다. 이렇게 산으로 둘러싸여 살아가는 사람은 마침내 모든 초록의 시간과 욕망의 강을 지나 허물을 벗고 꽃이 되고 나비가 되어 살면, 어느덧 자연의 발아래 한 줌 흙이 될 것입니다. 참 깨단합니다. 제가 사랑하고, 저를 사랑하는 모든 이의 행복과 건강을 기원합니다. 감사합니다.

자서
무화과나무 아래서

무화과나무 아래서

나무가 길을 나서다

한 사람의 작품을 이해하려면 그 사람의 살아온 삶을 짚어보아야 한다고 합니다.

김은수 시인은 음력 1960년 5월 11일 경상북도 의성군 비안면 동부동 385번지에서 부 김응호와 모 김옥란 사이에 4남 1녀 중 막내아들로 태어났습니다. 가난한 농부의 아들로 어린 시절을 보내고, 일곱 살이 되던 해에 대구시 수성구 범어동으로 이사를 해서, 이듬해 동도국민학교에 입학, 2학년 때 대구시 동구 신천동으로 이사, 4학년 2학기 때 대구시 남구 이천2동 380-9번지로 이사, 대봉국민학교로 전학하여 졸업, 그 후 대륜중학교 졸업, 달성고등학교 졸업, 영진공업전문대학 공업경영학과를 졸업했습니다.

성격이 소심하여 수업 시간에 발표도 제대로 못하는 성격을 타고났기에 본인의 껍질을 깨기로 결심하고 중학교 2년부터 농땡이를 치면서 학업은 뒷전이고 친구들과 놀기에 바빴습니다. 지금 생각하면 그런 만용이 없었다면 좋아하는 글을 만나지 못했을 지도 모릅니다.

가끔씩 수업 시간에 도서관 귀퉁이에 숨어서 소설, 시집, 괴테의 파우스트 같은, 철학서인지도 모르고 읽었던 글귀는 어린 나를 고심하게 했다. 빈 종이에 인생과 삶의 의미를 찾는다고 새벽까지 헤매던 시간들, 밤새워 방바닥에 엎드려 시를 읽고, 노트에 시라고 끄적이던 시절, 아직도 책꽂이에 낡은 '바른손' 시집 5권이 꽂혀 있습니다. 이제 읽어 보면 창피하지만 버리지 않고 그냥 간직하고 있습니다.

집을 찾는 나무

부자, 권력가, 시인, 이 중에서 누가 더 행복한 사람일까요.

중학교 2학년 때 제일 고민했었던 문제였습니다. 그때 이미 나의 진로가 결정되었다고 생각했습니다. 누가 뭐래도 나는 행복하리라. 그래서 내가 죽는 날 '참 잘살았다'고 말할 수 있어야 한다. 이 생각은 환갑을 맞은 지금도 변함이 없습니다. 행복하다고 생각할 수 있는 사람. 어떻게 살면 그 길을 갈 수 있는지 그것이 어린 저의 화두였고, 오늘도 그냥 시가 좋아서 웃으며 살고 있습니다.

문학이 좋아서 국문학과를 가고 싶었지만 좌절되고, 맘에 없는 공업전문대 공업경영학과를 다니면서 나의 방랑벽은 더욱 심해졌고, 무전여행으로 2년의 세월을 보내고, 논산 훈련소에 입대했습니다. 기본훈련 4주를 마치고, 원통 백담사 입구 자대에 배치를 받아 31개월의 군복무를 마쳤습니다. 그 덕에 내설악 구경은 밤낮으로 할 수 있었답니다. 불빛 한 점 없는 적막강산. 어둠 속에 자신을 띄워 놓고 내면의 진정한 자아를 찾아가는 시간은 힘들다기보다 즐겁기만 했습니다. 모든 살아 있는 것에 대한 사고를 정립할 시간적 여유. 지난 40년 동안 아직 그 고요와 적막의 사이에서 비우고 채우던 고뇌의 즐거움을 기억하고 있습니다.

1985년 1월 4일 제대 후 서울 둘째 형님 집에서 세일즈맨 생활을 하다가 그 해 12월에 대구로 내려와 1986년 3월에 있었던 총무처 시행 집배원 시험에 합격하여 1987년 2월 포항우체국 관내 흥해 우체국 집배원으로 발령받았습니다. 그곳에서 2년 근무한 뒤 동대구우체국으로 발령, 1991년 북대구 우체국으로 발령, 2015년 6월 명예퇴직할 때까지, 집배원 32

년의 공직생활을 마무리하고 2015년 9월 15일 지금의 경상북도 성주군 선남면 장학1길 167-20(은점 시학당)으로 귀촌, 전원 속에서 책 읽고, 글 쓰고, 사색을 하면서 2020년에는 들꽃같은 여인을 만나서 함께 살고 있습니다.

나무의 집

 사람을 알아간다는 것은 세상을 알아간다는 말이고, 세상을 알아간다는 것은 자연을 알아간다는 일이요, 자연을 알아간다는 것은 곧 나를 알아간다는 것이라 여겨집니다.

 오랜 집배원 생활 속에서 인간 살이와 자연 살이를 함께 겪으면서, 집과 집 사이, 사람과 사람 사이, 자연과 사람 사이, 그 모든 것들이 각각 서로 다른 것이 아니라, 결국 한 사람 속에서 일어나는 일이며, 자연과 똑같은 이치라는 걸 알았습니다. 이천 가구가 넘는 구역이 집배원 한 사람의 몫이었습니다. 집집마다 다른 생활사, 거기에 적응하려면 나를 비우고 그들이 원하는 모든 민원을 수용해야 하고, 자연환경의 심술을 조건 없이 그냥 받아들여야 하는 위험도 감수해야 합니다. 철저하게 봉사해야 하는 집배원은 존경받을 만합니다. 박봉 속에서도 자기가 맡은 구역을 묵묵히 가가호호의 문서나 편지, 택배를 책임지고 매일 가져다주는 일은 결코 쉬운 일이 아닙니다. 봄, 가을의 짧은 시간 외에는 자연의 힘에 순응해야하는 육체적 어려움은 주민을 위한 희생정신이 없다면 가능한 일이 아닐 것입니다.

저 또한 직접적인 체험과 인내 속에서 뚜렷한 주관을 갖고 자존감을 느끼면서 돈이나 명예, 권력이 아닌 인간 내면의 진리를 더 소중하게 생각하게 되었고, 희생과 배려, 믿음과 용기, 진정한 행복을 찾아가는 사람으로 거듭났다고 생각합니다. 여기 실린 시들의 속을 자세히 살펴보면 그가 살아온 시간이 보이고, 그의 체험을 간접적이나마 느낄 수 있고, 살아오면서 무엇을 체험하고, 깨닫고, 얘기하며, 어떤 생각들이 인간을 행복하게 하는지 시어를 통해 느낄 수 있다면 더없이 즐거운 독서가 될 것이라 믿습니다. 모든 시에서 일어나는 사건이나 생각은 각양각색의 상처요 잘 아문 흉터입니다. 그리고 화자는 언제나 꽃을 피웁니다. 상처는 기다리고, 견디고, 힘들고, 아프지만 늘 꽃은 넉넉한 마음이고, 배려와 사랑이고, 새로운 것을 찾아가는 탐험가의 가슴 뛰는 설렘입니다. 힘들고, 절망하는 아픔의 모양과 색과 맛이 각각이듯 열매를 숨긴 꽃도 거기에 합당한 크기와 재질과 두께로 그만의 행복한 나무의 집을 지을 것입니다.

김은수 시선집
무화과나무 닮았다

ⓒ 김은수, 2021

초판 1쇄 발행 2021년 2월 5일

지은이 김은수
펴낸이 이은재
펴낸곳 도서출판 그루

출판등록 1983. 3. 26(제1-61호)
06121 서울특별시 강남구 봉은사로 129, 1210호
42452 대구광역시 남구 큰골 3길 30
TEL 02-358-1161, 053-253-7872 / FAX 053-257-7884
E-mail / guroo@guroo.co.kr

값12,000원
ISBN 978-89-8069-438-9

*이 책의 판권은 지은이와 도서출판 그루에 있습니다.
 양측의 서면 동의 없는 무단 전재 및 복제를 금합니다.